U0788802

張掖市博物館　甘州區博物館　編

纂刻朱子家訓

（上册）

SSAP
社會科學文獻出版社

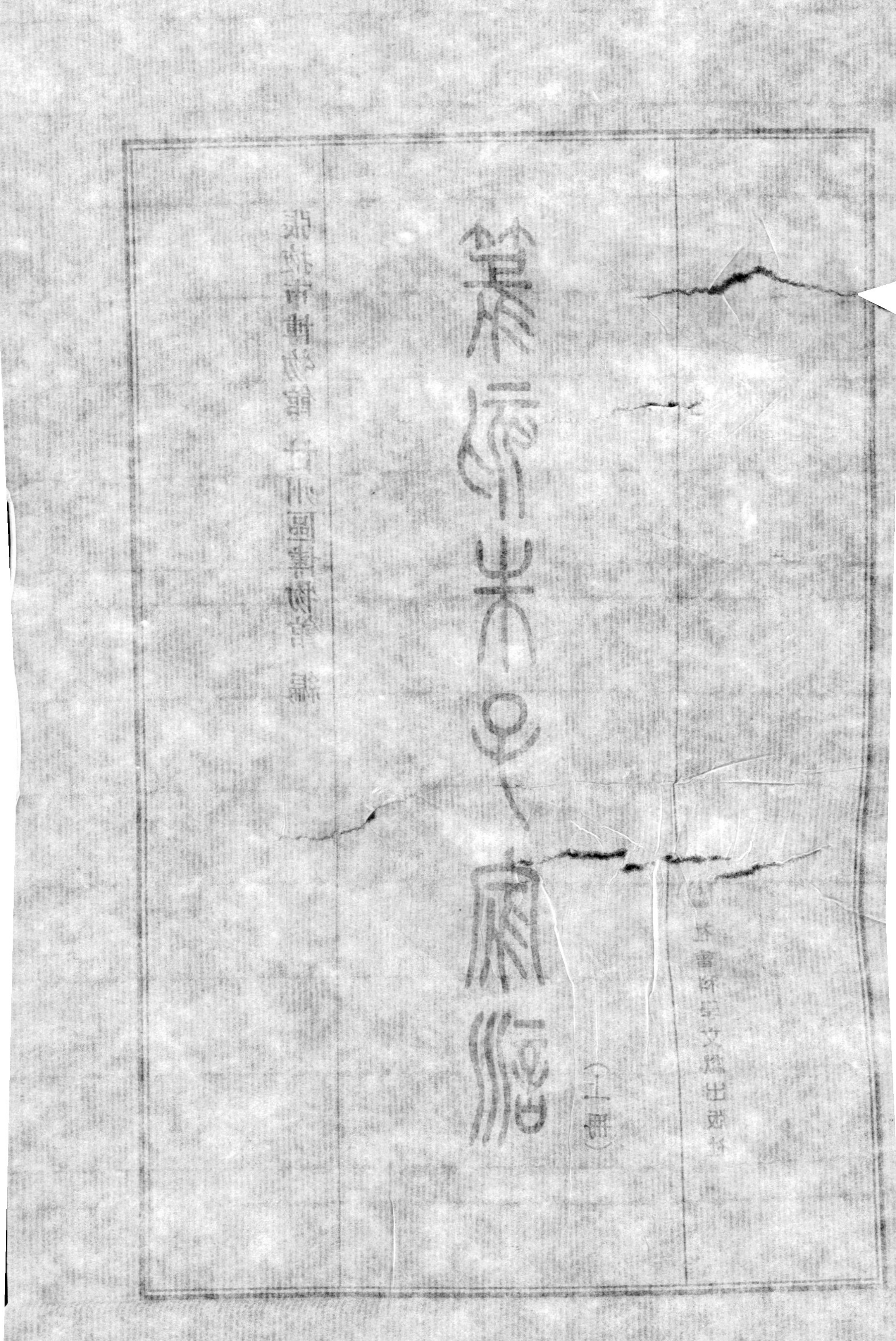

圖書在版編目(CIP)數據

篆刻朱子家訓 / 張掖市博物館編. -- 北京 : 社會科學文獻出版社, 2017.7
ISBN 978-7-5201-1146-1

Ⅰ. ①篆… Ⅱ. ①張… Ⅲ. ①古漢語－啓蒙讀物②篆刻－作品集－中國－清代 Ⅳ. ①H194.1②J292.42

中國版本圖書館CIP數據核字(2017)第175764號

篆刻朱子家訓

編　　者 / 張掖市博物館

出 版 人 / 謝壽光
項目統籌 / 宋月華
責任編輯 / 周志寬　邰啓揚

出　　版 / 社會科學文獻出版社・人文分社 (010) 59367215
地址：北京市北三環中路甲29號院華龍大厦　郵編：100029
網址：www.ssap.com.cn
發　　行 / 市場營銷中心 (010) 59367081　59367018
印　　裝 / 揚州古籍綫裝文化有限公司

規　　格 / 185 mm×290 mm 1/16
印　張：26　幅　數：104 幅
版　　次 / 2017年7月第1版　2017年7月第1次印刷
書　　號 / ISBN 978-7-5201-1146-1

定　　價 / 捌佰捌拾圓

序言

張掖市博物館所藏四幅適安草堂篆刻《朱子家訓》，是一套有較高藝術價值的文物，經過一年來的努力，將其拍照、制版、加注說明，整理成册。

中華民族歷史悠久、源遠流長、文化璀璨。歷代均有不少名人學者撰寫治家格言、家訓，最著名的有《孔子家語》、《顏氏家訓》、《朱子家訓》、《三字經》、《弟子規》、《女兒經》、《曾廣賢文》等。其中《朱子家訓》流傳最為廣泛，全書僅有524個子、51句，但卻蘊涵了中國傳統倫理道德、家庭美德、為人處世、正心、格物、修身治家等人生觀、世界觀、價值觀的思想精華，簡明易懂、膾炙人口。在道德約束十分嚴謹的中國古代社會中，曾發揮了極大的教育作用，是我們中華民族傳統文化中一件寶貴的精神財富。但由于時代囿限，書中難免良莠雜陳、瑕瑜互見，諸如因果報應、男尊女卑、消極厭世的封建烙印。

仁者見仁，智者見智，讓我們在鑒賞過程中去其糟粕、取其精華、科學地批判、正確的繼承，古為今用。吸取有益的精神營養，使其發揮出時代的光彩。這本小册子中的百餘面篆刻印文，其章法部局、刀法變幻，對廣大篆刻愛好者來說，同樣具有較高的鑒賞和學習效用。

二〇一七年春于張掖

黎明即起 灑掃庭除 要內外整潔。既昏便息 關鎖門戶必親自檢點。一粥一飯 當思來處不易。半絲半縷 恒念物力維艱。宜未雨而綢繆 毋臨渴而掘井。自奉必須儉約 宴客切勿流連。器具質而潔 瓦缶勝金玉。飯食約而精 園蔬愈珍饈。勿營華屋 勿謀良田。三姑六婆 實淫盜之媒。婢美妾嬌 非閨房之福。童僕勿用俊美 妻妾切忌艷妝。祖宗雖遠 祭祀不可不誠。子孫雖愚 經書不可不讀。居身務期質樸 教子要有義方。莫貪意外之財 莫飲過量之酒。與肩挑貿易 毋占便宜。見窮苦親鄰 須加溫衅。刻薄成家 理無久享。倫常乖舛 立見消亡。兄弟叔侄 須分多潤寡。長幼內外 宜法肅辭嚴。聽婦言 乖骨肉 豈是丈夫。重資財 薄父母 不成人子。嫁女擇佳婿 勿索重聘。娶媳求淑女 勿計奩。見富貴而生諂容者 最可恥。遇貧窮而作驕態者 賤莫甚。居家戒爭訟 訟則終凶。處世戒多言 言多必失。勿恃勢力而凌逼孤寡。勿貪口腹而恣殺牲禽。乖僻自是 悔誤必多。頹惰自甘 家道難成。狎暱惡少 久必受其累。屈志老成 急則可相依。輕聽發言 安知非人之譖朔 當忍耐三思。因事相爭 焉知非我之不是 須平心暗想。施惠無念 受恩莫忘。凡事當留余地 得意不宜再往。人有喜慶 不可生妒嫉心。人有禍患 不可生喜幸心。善欲人見 不是真善。惡恐人知 便是大惡。見色而起淫心 報在妻女。匿怨而用暗箭 禍延子孫。家門和順 雖饔飧不繼 亦有余歡。國課早完 即囊橐無余 自得至樂。讀書志在聖賢 非徒科第。為官心存君國 豈計身家。守分安命 順時聽天。爲人若此 庶乎近焉

黎明即起

譯文：黑夜到了盡頭，天色開始發亮的時候就要即刻起床。

灑掃庭除要內外整潔

灑掃庭除要內外整潔

譯文：整理屋子，打掃庭院，不論室內戶外，都要收拾的整整齊齊

既昏便息

譯文：天色已經黑了，就要停止工作，安心休息。

關鎖門戶必親自檢點

譯文：在睡覺之前必須親自查看一番，看看該關的門是否關好，該鎖的門是否鎖牢，只有親自檢查過以後，睡覺才能安心

一粥一飯

譯文：當我們喝一碗粥，吃一碗飯的時候。

當思來處不易

譯文：應當想到煮粥煮飯的每一粒米，都是經過農夫千辛萬苦種出來的，我們不但要感激他們的辛勞，更要珍惜他們辛苦的結果，不可以把食物浪費，更不可以隨便糟蹋

當思來處不易

譯文：應當想到煮粥煮飯的每一粒米，都是經過農夫千辛萬苦種出來的，我們不但要感激他們的辛勞，更要珍惜他們辛苦的結果，不可以把食物浪費，更不可以隨便糟蹋

半絲半縷

譯文：在我們穿衣服的時候，看到半段絲，半段綫，即使那么少的一點東西。

恆念物力維艱

譯文：我們也要常常思念到物資的生產過程是很艱難的，我們應當珍惜。

張掖市博物館

宜未雨而綢繆

譯文：我們應當在還沒有下雨的時候，預先把房子修好，門窗安結實。

宜未雨而綢繆

譯文：我們應當在還沒有下雨的時候，預先把房子修好，門窗綁實。

張掖市博物館

勿臨渴而掘井

譯文：要事先把井掘好，如果拖延到覺得口渴的時候，再開始挖掘水井就來不及了。

自奉必須儉約

譯文：我們自己的生活享受，必須要力求儉省節約。

自奉須儉約

譯文：我們自己的生活享受，必須要力求儉節約。

宴客切勿留連

譯文：請賓客到家里來飲宴，絕對不要毫無節制地揮霍，甚至超越了自己的經濟能力範圍。

器具質而潔

譯文：我們日常用的器具要求結實，同時要保持清潔。

器具質而潔

譯文：我們日常用的器具要求結實，同時要保持清潔。

譯文：假若你用的是金碗玉盆，蒙上了一層污垢，看起來髒兮兮的，那實在還不如洗得幹幹淨淨的瓦罐衛生好用。

張掖市博物館

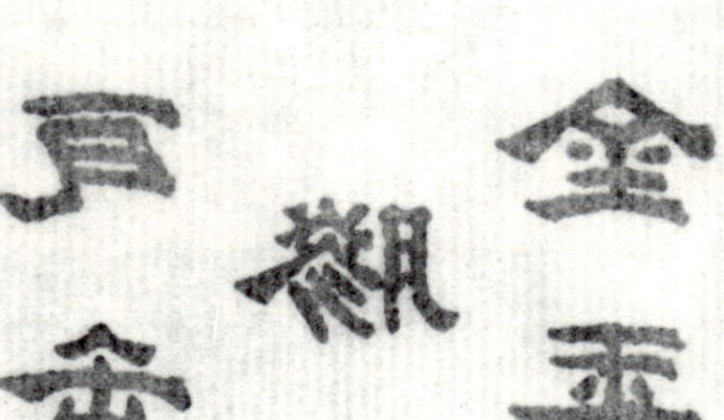

譯文：假若你用的是金碗玉盆，蒙上了一層污垢，看起來髒兮兮的，那實在還不如洗得乾乾淨淨的瓦罐衛生好用。

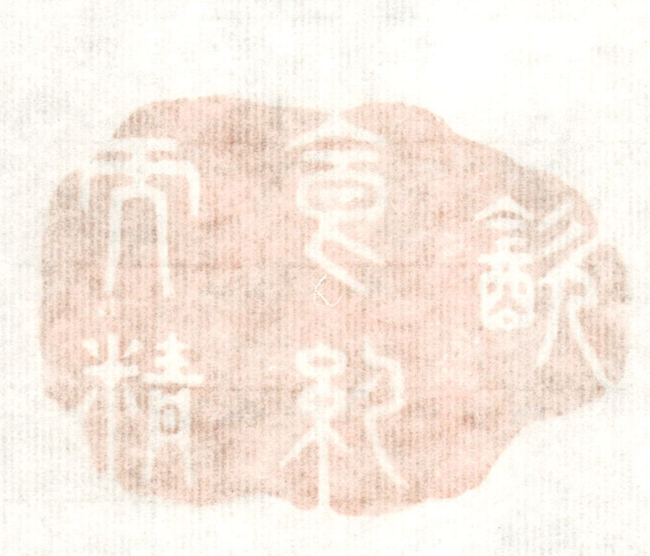

飲食約而精

譯文：我們每天吃的食物不必樣式太多，要簡單講烹飪調法。

園蔬愈珍饈

譯文：如果烹飪得精美可口，就是利用菜園裏種的蔬菜，也勝過烹調不宜的山珍海味。

園蔬愈珍饈

譯文：如果烹飪得精美可口，就是利用菜園裏種的蔬菜，也勝過烹調不宜的山珍海味。

张掖市博物馆

勿營華屋

譯文：不要花很多錢建造豪華的房屋。普通房捨，只要收拾乾淨，住著也很舒服。

勿謀良田

譯文：不要用盡心思，謀計購買良田，就是薄田。祇要能多加灌溉施肥，也可以有相當的收成。

三姑六婆

譯文：三姑、六婆，這一類的女人。

張掖市博物館

實淫盜之媒

譯文：大部分都能言善道，表情豐富，品行低落，實際上都是誨淫誨盜的媒介體，不可同她們常常往來，以免自己受到她們的影響。

婢美妾嬌

譯文：女傭長得貌美，妻子生得嬌艷。

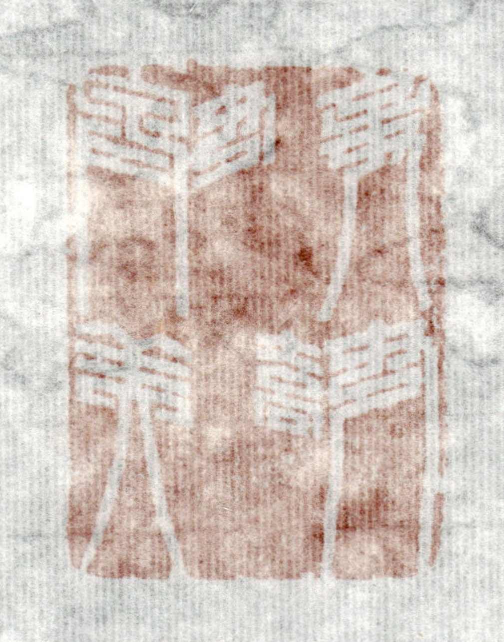

非閨房之福

譯文：這都不是家中的幸福。

張掖市博物館

童僕勿用俊美

譯文：雇用男僕，不要求其容貌英俊秀美。

張掖市博物館

妻妾切忌艷妝

譯文：自己的妻子必須要避免打扮得過分濃艷。

祖宗雖遠

譯文：祖宗雖然去世年代久遠了。

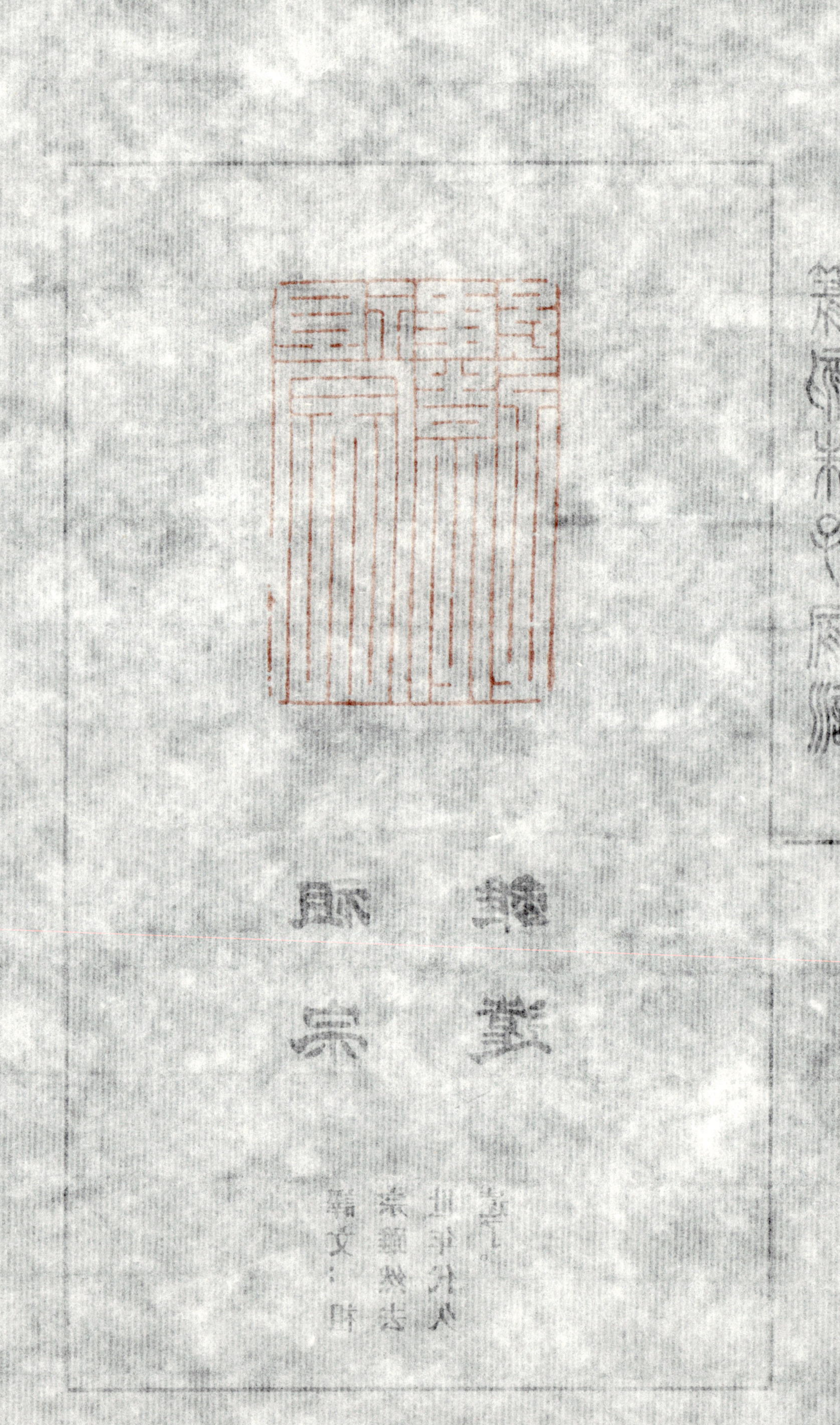

祭祀不可不誠

譯文：但是在祭拜祖宗的時候必須要很誠懇。

張掖市博物館

子孫雖愚

譯文：子孫雖然笨拙。

經書不可不讀

譯文：《四書》、《五經》非讀不可，因爲其中有作人處世的道理。

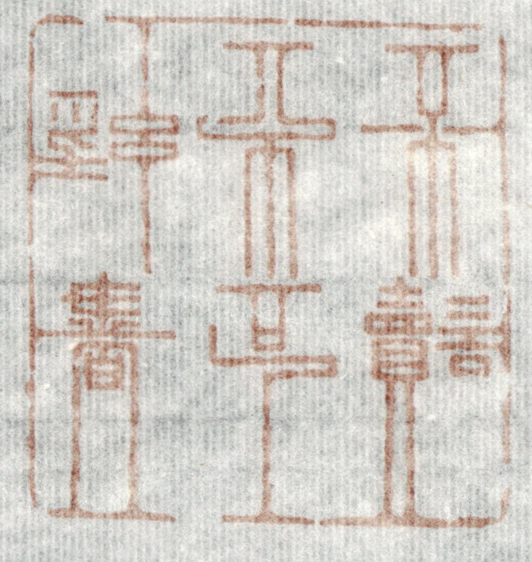

經書不可不讀

讀文：《四書》、《五經》非讀不可，因爲其中有作人處世的道理

居身務期儉樸

譯文：在我們的日常生活中，不論作事、說話和別人交往，必須要處處求其負責，誠實。

教子要有義方

譯文：教導弟子不可過嚴而把弟子教愚，也不可過寬，使弟子放縱，要因材施教，采取最適當的方法。

莫貪意外之財

譯文：不可以貪圖意想不到的錢財。

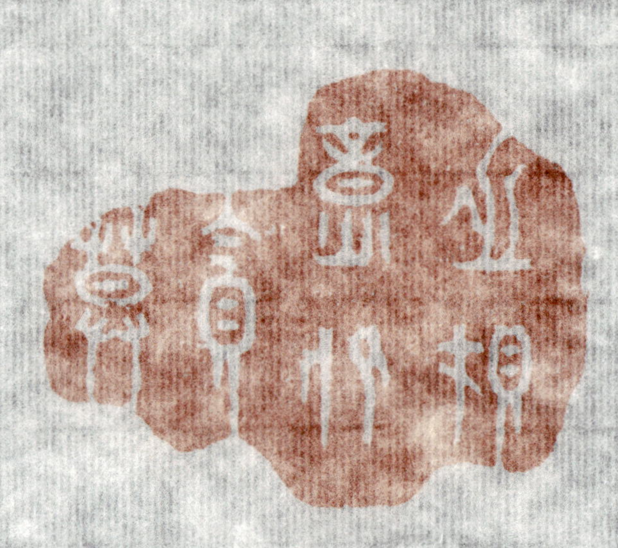

山根意外真貪

山根。
意想不到
可以貪圖
譯文：不

莫飲過量之酒

譯文：不可以喝超過自己酒量的酒。

與肩挑貿易

譯文：向肩挑貨物沿街叫賣的小販買東西。

勿佔便宜

譯文：不要占他們的便宜，因爲他們本小、利微，家人要全靠他養活。

見貧苦親鄰

譯文：當我們看見親戚或鄰居陷入窮苦境況的時候。

須加溫卹

譯文：必須要給予照料，而且要用金錢或物資援助。

刻薄成家

譯文：對人刻薄而起家的人。

孤寡

凌逼

聚珍仿宋版印

理無久享

譯文：按照常理，他絕對不會長久享用他的財富。

理無久享

譯文：按照常理，他絕對不會長久享用他的財富。

[illegible]

倫常乖舛

譯文：社會的安寧，家庭的幸福，個人的發展，都建立在倫常上，如果倫常發生了冲突錯亂，國家不保護人民，民眾不支持政府，父母不愛護子女，子女不孝敬父母，兄弟之間，你爭我奪，夫婦之間不能和睦相處，朋友不能互相信任。

立見消亡

譯文：那麼這個國家會即刻滅亡，這個家庭會即刻衰落，朋友之間也會馬上反目成仇。

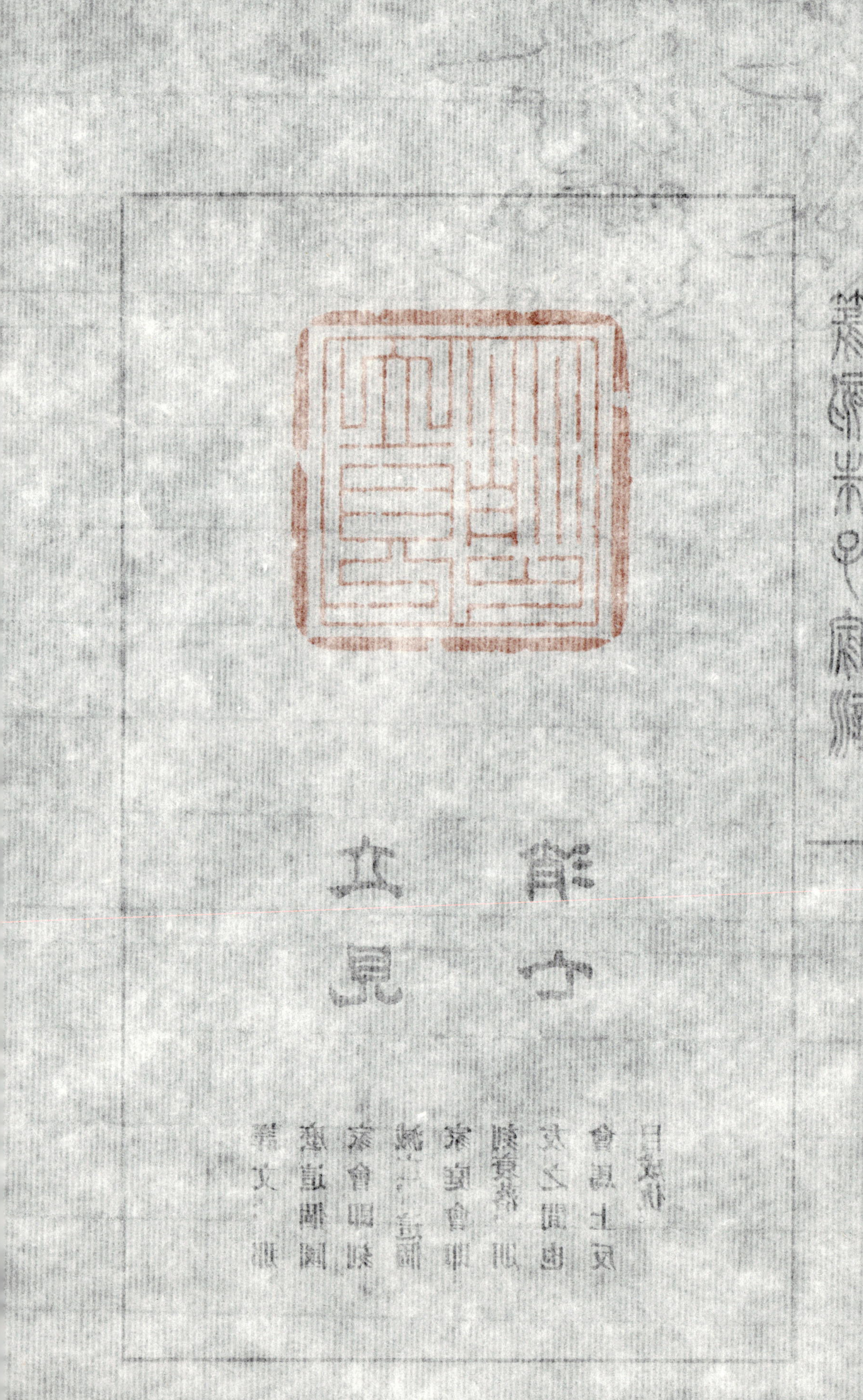

兄弟叔侄

譯文：在一個家庭中，兄弟叔侄之間。

須分多潤寡

譯文：要力求公平，盡量使付出和獲得平等。

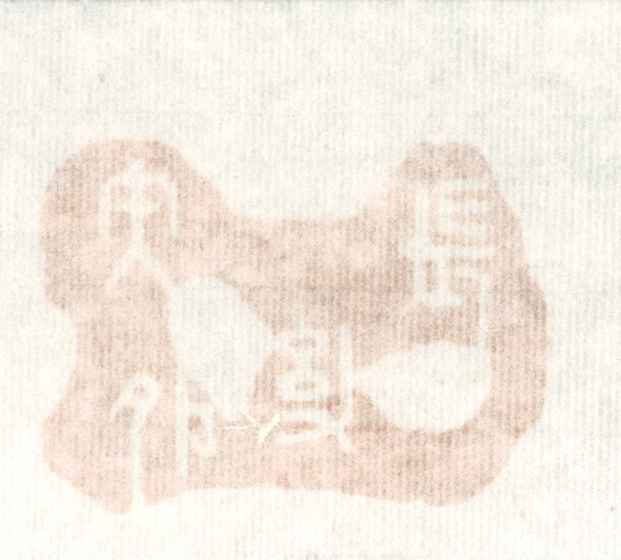

長幼內外

釋文：一個家庭中，不論年長者，或年幼者，女性或男性。

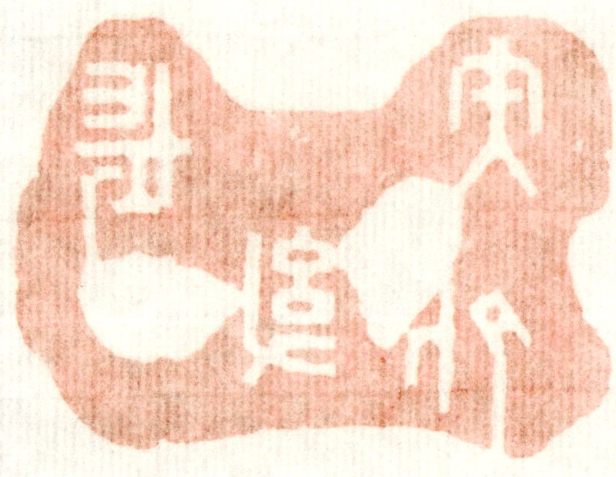

長幼

丙午

譯文：一個家庭中，不論年長者，或年幼者，女性或男性。

宜法肅辭嚴

譯文：都應該遵守家中的生活規範，在講話的時候，長者應當對幼者多關懷教誨，幼者對長者講話應當莊敬端正，不可不分大小，語無倫次。

聽婦言，乖骨肉

譯文：如果聽信太太不負責任的話，而違背父母，或虐待子女。

譯文：這便不是一個正經男人應有的行爲。

豈是丈夫

譯文：這便不是一個正經男人應有的行爲。

重資財薄父母

譯文：如果一個人對錢財看得很重甚至對父母的生活費用都一再苛扣。

不成人子

譯文：這便不是作爲子女的道理。作為子女，應當自己克勤克儉，希望多賺些錢，讓父母的生活更好些，這才是人子之道。

張掖市博物館

嫁女擇佳婿

譯文：嫁女兒要選擇一個品德端正，有進取心的女婿。

譯文：女兒要選擇一個品德端正、有進取心的女婿。

勿索重聘

譯文：不可以向男方索要太多的聘金。